DVDを見るための準備

1. 書籍の付属DVDの取り出し方

● 書籍の表紙の裏側にDVDが添付されています。
● DVDが入っている袋の上辺に赤いリボンがあります。
● 赤いリボンの左端をつまんで、右へ引っ張って封を切ります。
● 書籍から袋をはがすことなく、書籍に貼り付けた状態で、DVDを出し入れすることができます。

2. DVDを丁寧に取り出す

● 袋よりDVDを取り出すときは、DVDの裏面に傷をつけないように、親指と人差し指を使って、丁寧に取り出して下さい。特にDVDの裏面を指などで持たないで下さい。
● DVDの裏面に袋が触れないようにしながら、取り出して下さい。
● DVDの裏面に手の脂や傷が付くと、再生不能になる場合があります。

3. DVDをプレーヤーにセットする

● 取り出したDVDをプレーヤーにセットします。
● 左の写真のように、親指と人差し指で持ち、DVDの裏面を指で触らないようにします。
● もし指で触ってDVDの裏面が汚れてしまった場合は、クリーニング専用の布で丁寧に拭き取って下さい。
● DVDをセットすると、メインメニューが表示されます。

←この袋の中にはDVDが2枚入ってます。

DVD+Book
超スロー 陳式太極拳
中国制定太極拳
ちんしき
規定套路 56式

大畑 裕史 著

Disk 1 ナレーション解説
・陳式太極拳の基本の使い方をやさしく解説！
・型の解説は、通常の動きよりゆっくりと動いた演武に合わせてナレーションで説明
・動きの正誤を2画面を使って丁寧に解説

Disk 2 演武練習用DVD
・ひとつの型を正面・背面（側面）より何度も繰り返して練習できるモードを搭載
・動きが速い陳式太極拳を目で追える4倍のスローモーション再生で演武を確認できる

AIRYUDO

メニューの操作方法

注意！ このDVDは、ビデオテープのように再生ボタンを押しただけで、全ての映像を見られるようになっていません。
メニュー画面でお好きな項目を選ぶことで、その映像が再生されるシステムになっています。
好きな項目を、直接選んで、どこからでも見られる。これがDVDの特長です。

Disk1　ナレーション解説DVDの詳細（1枚目）

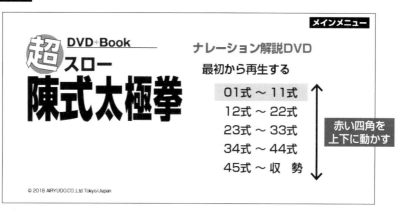

● メインメニューから、ご覧になりたい項目をDVDプレイヤーのリモコンの十字キーを使い、**赤矢印**を上下に移動して選択し、決定します。

● 『01式〜11式』を選んだ場合

● 『01式〜11式』を選ぶと、01式〜11式の技法解説メニューが表れます。
● 『メインメニュー』へ行くときは、**リモコンの十字キーの『右』**を押します。
● 最下段の第11式のボタンから、**リモコンの十字キーの『下』**を押すと、第12式〜第22式の次のメニューが表れます。各メニューの最上段のボタンで十字キーの上を押すと、前のメニューに戻ります。

手に取るようにわかる親切な解説

●著者が表演しながら、動きに合わせて解説します。
●ゆっくりと動きながら解説するため、十分に理解することができます。

独特な足の使い方を詳しく説明

●陳式太極拳では、他の太極拳に無い独特の動き方がたくさんあります。
●その特徴を丁寧に解説しております。

●型をひと通り解説したら、最後に通した演武（標準とスローモーション）が表演されます。

Disk2　演武練習用DVDの詳細（2枚目）

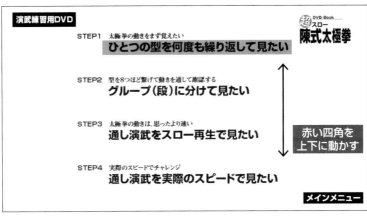

●メインメニューから、ご覧になりたい項目をＤＶＤプレイヤーのリモコンの十字キーを使い、**赤い印**を上下に移動して選択し、決定（OK）を押します。

●『STEP1 ひとつの型を何度も繰り返して見たい』を選んだ場合

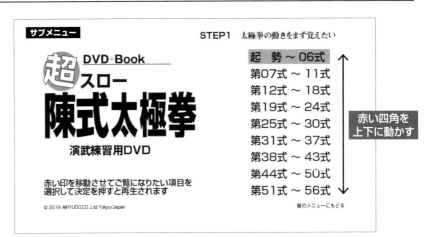

●上のメインメニューから、『STEP1 ひとつの型を何度も繰り返して見たい』を選ぶと、サブメニューが表れます。

[DVDメニュー画面]

STEP1　ひとつの型を何度も繰り返して見たい

第01式　起　勢　　　　正面　背面
第02式　右金剛搗碓　　正面　背面
第03式　攬扎衣　　　　正面　背面
第04式　右六封四閉　　正面　背面
第05式　左単鞭　　　　正面　背面
第06式　搬攔捶　　　　正面　背面

●上のメインメニューの中からお好みの向きを選ぶと、再生が始まります。
●ここでの特長は、各式の演武を半永久的に再生をし、何度も何度も繰り返して見ることができることです。
●表演は、スローモーション再生のため、映像の動きに置いてかれることなく、手足の動きを確認しながら、練習することができます。
●他の型をご覧になりたい時は、再生中にリモコンのメニューボタンを押して、メニュー画面に戻ってから、お好みの型を選択して下さい。

　　正面モード　　　　　　　背面モード　　　　　　　側面モード

● STEP1 では、
　向き合った状態で、手元の動きを確認できる『**正面モード**』
　映像のモデルと同じ側を向いて一緒の進行方向へ進む『**背面モード**』から、お好みのパターンを選ぶことができます。　『**正面モード**』と『**背面モード**』でも確認しづらい型は、更に違う角度から見られる『**側面モード**』をご用意しました。

● 『STEP2 グループ(段)に分けて見たい』を選んだ場合

●メインメニューから、『STEP2 グループ(段)に分けて見たい』を選ぶと、上図の各段のサブメニューが表れます。
●STEP1では、1つの型を繰り返しましたが、ここでは、グループ(段)に分けて型を覚えます。
●表演はSTEP1同様、スローモーション再生です。

正面モード

背面モード

● 『STEP3 通し演武をスロー再生で見たい』を選んだ場合

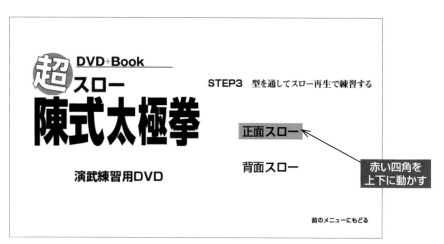

● STEP 2で、各グループ（段）の演武を覚えたら、そのグループをすべて（1段～4段）を繋げて、最初から最後（準備式～収勢）まで通して見る事ができます。
● ここでも、スローモーションで再生をします。

正面モード

背面モード

● STEP 3では、『正面モード』『背面モード』より、選らぶことができます。

● 『STEP4 通し演武を実際のスピードで見たい』を選んだ場合

● STEP 3のスローモーションに慣れたら、実際のスピードでチャレンジをしましょう。
● STEP 3同様に、『正面』『背面』から見られるモードを搭載しております。

●DVD 使用上のご注意
　DVDビデオは、映像と音声を高密度に記録したディスクです。
　DVDプレーヤー、DVD再生機能付きパソコンでご覧になれます。
　なお、プレーヤーの機種によっては、正常に動作しない場合があります。
　詳しくはご使用になるプレーヤーの説明書をお読みになるか、プレーヤーメーカーにお問い合わせ下さい。
　DVDプレーヤーのシステムが旧タイプの場合、DVDが再生できないことがあります。
　DVDプレーヤーとハードディスクが一体になっている機器は、システムを最新にすることにより、再生することが可能になります。（実証済み）
　システムの改善の仕方は、DVDプレーヤーの説明書をお読みください。

●DVD 取り扱いについて
　ディスクはじかに指で触ったり、床などに置いて傷等を付けないように丁寧に取扱って下さい。
　汚れた場合はクリーニング専用の布などで丁寧に軽く拭き取って下さい。
　使用した後は不織布（付属の袋）に入れて保管して下さい。
　ディスクに傷が付いた場合、再生不能になることがあります。

●著作権と免責事項
　DVDは一般家庭での使用を目的に販売されております。
　第三者への配布及びレンタルは、法律で禁止されております。

はしがき

　本書の制作の中で、ある程度撮影、編集が進んだ段階で、気が付くことがありました。それは、陳式太極拳は、とんでもなく『動きが速い！』ということに・・・

　陳式太極拳は56式という長い型を、約6分で演武します。これは24式太極拳とほぼ同じ時間であります。型の数も倍以上なため、これだけでどれだけ素早く動くかがお分かりになるでしょう。

　陳式は、ひとつの型の中で幾通りもの動きを素早く行うことも特徴となっております。さらに、その中でも「纏絲（てんし）」というねじりを加えた独特な動きがあり、その動きがとても速くて、どうやって行うのか、どのタイミングで行えばいいのか、実速演武では目で追って確認することは、ほぼ不可能といえます。

　足の踏み込み方が今までの太極拳とはひと味違って、ダイナミックな動作を用いて迫力のある演武を行います。

　これらの動きを誰が見てもわかる方法はないものかと試行錯誤した結果、考案されたのが、『4倍スローモーション再生』なのです。これは実速の4倍の時間を使ってゆっくりと再生をするモードで、細かい動きや速い動作が、手に取るようにわかるようになっており、目で追いながら動きをしっかり確認するためには、最適なコンテンツとなっております。

　この『4倍スローモーション』は、STEP 1の『ひとつの型を何度も繰り返して見たい』にて、楽しむことができます。

　この『超スロー』な動きをじっくりとご覧になって、陳式太極拳の独特で複雑な動きを、身につけるのに活用して頂ければ、幸いであります。

　　　　　　　　　　　　　　　　　　　　　　　　大畑 裕史

もくじ

第01式　起　　勢　（チー・シー）16
第02式　右金剛搗碓　（ヨウ・ジン・ガン・ダオ・ドゥイ）17
第03式　攬扎衣　（ラン・ザー・イ）22
第04式　右六封四閉　（ヨウ・リュウ・フォン・スー・ビー）26
第05式　左単鞭　（ズオ・ダン・ビェン）32
第06式　搬攔捶　（バン・ラン・チュエイ）36
第07式　護心捶　（フー・シン・チュエイ）40
第08式　白鶴亮翅　（バイ・フー・リャン・チー）42
第09式　斜行拗歩　（シエ・シン・アオ・ブ）44
第10式　提　　収　（ティー・ショウ）48
第11式　前　　趟　（チエン・タン）50
第12式　右掩手肱捶　（ヨウ・イエン・ショウ・ゴン・チュエイ）52
第13式　撇身捶　（ピー・シェン・チュエイ）54
第14式　背折靠　（ベイ・ジョー・カオ）56
第15式　青龍出水　（チン・ロン・チュー・シュエイ）56
第16式　斬　　手　（ジャン・ショウ）58
第17式　翻花舞袖　（ファン・ホワ・ウーシュウ）60
第18式　海底翻花　（ハイ・ディ・ファン・ホワ）62
第19式　左掩手肱捶　（ズオ・イエン・ショウ・ゴン・チュエイ）62
第20式　左六封四閉　（ズオ・リュウ・フォン・スー・ビー）64
第21式　翻花舞袖　（ファン・ホワ・ウーシュウ）68
第22式　雲　　手　（向右）（ユン・ショウ　シャン・ヨウ）70
第23式　雲　　手　（向左）（ユン・ショウ　シャン・ズオ）74
第24式　高探馬　（ガオ・タン・マ）76
第25式　右連珠炮　（ヨウ・リエン・ジュウ・パオ）78
第26式　左連珠炮　（ズオ・リエン・ジュウ・パオ）82
第27式　閃通背　（シャン・トン・ベイ）86
第28式　指擋捶　（ジィ・ダン・チュエイ）88

第29式　白猿献果　(バイ・ユエン・シエン・グオ)　90
第30式　双推手　(ショワン・トエイ・ショウ)　92
第31式　中　　盤　(ジョン・パン)　92
第32式　前　　招　(チエン・ジャオ)　96
第33式　後　　招　(ホウ・ジャオ)　96
第34式　右野馬分鬃　(ヨウ・イェ・マー・フェン・ゾン)　98
第35式　左野馬分鬃　(ズオ・イェ・マー・フェン・ゾン)　100
第36式　擺蓮跌差　(バイ・リエン・ディエ・チャア)　102
第37式　左右金鶏独立　(ズオ・ヨウ・ジン・ジー・ドゥ・リー)　106
第38式　倒巻肱　(ダオ・ジュエン・ゴン)　110
第39式　退歩圧肘　(トエイ・ブ・ヤー・ジョウ)　112
第40式　擦　　脚　(ツア・ジャオ)　114
第41式　蹬一跟　(ダン・イ・ゲン)　116
第42式　海底翻花　(ハイ・ディ・ファン・ホワ)　118
第43式　撃地捶　(ジィ・ディ・チュエイ)　118
第44式　翻身二起　(ファン・シェン・アール・チィ)　120
第45式　双震脚　(ショワン・ジェン・ジャオ)　122
第46式　蹬　　脚　(ダン・ジャオ)　124
第47式　玉女穿梭　(ユー・ニュー・チョワン・スオ)　126
第48式　順鸞肘　(シュン・ルワン・ジョウ)　126
第49式　裏鞭炮　(グオ・ビエン・パオ)　128
第50式　雀地龍　(チュエ・ディ・ロン)　130
第51式　上歩七星　(シャン・ブ・チー・シン)　132
第52式　退歩跨虎　(トエイ・ブ・クワ・ブ)　136
第53式　転身擺蓮　(ジョワン・シェン・バイ・リエン)　138
第54式　当頭炮　(ダン・トウ・パオ)　140
第55式　左金剛搗碓　(ズオ・ジン・ガン・ダオ・ドゥイ)　140
第56式　収　　勢　(ショウ・シー)　142

陳式太極拳 全動作解説

足の運び・軌道の図

 足底が着いている状態

 つま先が着いている状態

 カカトが着いている状態

 足が着いていない状態

01　起　勢　(チー・シー)　　　　　qǐ shī

1．両足を揃えて立ちます。

2．左足をあげて、

3．左横へ開き、

4．両足に均一に重心を掛けます。

02　右金剛搗碓　(ヨウ・ジン・ガン・ダォ・ドゥイ)

5．両手は胸前へ移して、

6．指先を左へ向けます。

7．体を右へ回し、

8．指先を上へ向けます。

02　右金剛搗碓　（ヨウ・ジン・ガン・ダォ・ドゥイ）　yòu jīn gāng dǎo duì

1．体を左へ向け、　2．両手は掌を後方へ向けて、　3．両膝を曲げて、　4．両手を上げます。

yòu jīn gāng dǎo duì

9．指先を右へ向けてから、　10．腹部の前で押さえて、　11．両手首の力を抜きながら、　12．指先を真下へ向けます。

02　右金剛搗碓　（ヨウ・ジン・ガン・ダォ・ドゥイ）

13. 体を左へ向けて、

14. 両手を胸前へ上げます。

15. 左手は左へ、

16. 右手は上へ返します。

21. 右へ開き、

22. 体を右へ回します。

23. 右足を踏んで、

24. 重心を右足へかけます。

yòu jīn gāng dǎo duì

17. 両手は指先を立ててから、

18. 左へ倒し、

19. 掌は正面へ向けます。

20. 右足はつま先をあげて、

25. 左足はカカトを浮かせ、

26. 右足の前を通し、

27. 体の正面へ蹴り上げます。

28. ヒザを曲げて、

02　右金剛搗碓　（ヨウ・ジン・ガン・ダォ・ドゥイ）

13. つま先を正面へ向けます。

14. 左足は左前へカカトから踏み込み、

15. そのままカカトを左前へすべらせます。

16. 両手は掌を下へ返し、

21. 手前に寄せ、

22. 指先を立てます。

23. 右手は膝の横を通します。

24. 右腕を下へ伸ばします。

yòu jīn gāng dǎo duì

17. 体の前で押さえ、

18. 左足はつま先をつけます。

19. 左手は腹部前を通して、

20. 前方へ払ってから、

25. 虚歩となり、左手指先を右腕につけます。

26. 右手、右足を同時に上げます。

27. 右手は握り、左手は上へ返します。

28. 右足を肩幅ほどに踏み込み、右拳を打ち下ろします。

03　攬扎衣　（ラン・ザァ・イ）

01. 両手はつけたまま、
02. 体を左へ向けます。
03. 両手を上げて、
04. 右手を開きます。

09. 右手を上へ、
10. 左手を下へと、
11. 回します。
12. 両手を左右に開いてから、

lǎn zhā yī

05. 左腕を外側にして、腕を交差します。

06. 体を右へ向け、

07. 両手は指先を立てます。

08. 両手を深く差し込んで、

13. 左手は上へ、右手は右へ回して、

14. 両手を正面に寄せます。

15. 片足立ちになり、

16. 右足はカカトから真横へ踏み込み、

03　攬扎衣　（ラン・ザァ・イ）

17. そのまま、カカトを滑らせ、

18. 両腕を合わせます。

19. 体を左へ向けて、

23. 右手は水平にします。

24. 重心を右足にかけながら体を右へ向け、

25. 左手は上へ返します。

lǎn zhā yī

20. 上を向けている右手の掌は、まず左へ向けて、

21. そして、指先を上に向けます。

22. 右手で抑えるようにして掌は下へ向けて、

26. 右腕を伸ばしてから、

27. 右手は指先を立て、

28. 左手は腹部前で構えます。

04　右六封四閉　（ヨウ・リュウ・フォン・スー・ビー）

01. 偏馬歩で構えた姿勢より、

02. 重心を左足にかけ、右手の指先は弧を描いて下へ向け、

03. 左手の甲は腹部につけます。

07. 重心を右足にかけて、

08. 右手は指先を立てます。

09. 右手を下げ、

yòu liù fēng sì bì

04. 右手首を回して、

05. 指先で弧を描きます。

06. 左手は手の甲を腹部に着けたまま、回して上へ返します。

10. 左手は下へ返して、親指側を腹部につけます。

11. 両手首を近づけます。

12. 両手を合わせて、

04　右六封四閉　（ヨウ・リュウ・フォン・スー・ビー）

13. 胸前へ上げ、

14. 左手は手前に返します。

15. 体を右へ向け、

19. 左手を右手から離し、

20. 左足に重心を掛けながら、

21. 両手を手前に引き寄せて、

yòu liù fēng sì bì

16. 右手を正面へ返します。　17. 更に上体を右へ向け、　18. 両手で体の右側へ押します。

22. 右ヒザまで下げます。　23. 右手は正面へ、左手は手前に返します。　24. 両手はそのまま上げ、

右六封四閉　（ヨウ・リュウ・フォン・スー・ビー）

25. 左手をヲ手（ちょうしゅ）にし、

26. 右手は上へ返します。

27. 体を少し左へ向け、

31. 肘を曲げて、

32. 両手を顔へ寄せ、

33. 体を正面へ向けます。

yòu liù fēng sì bì

28. 左手を掌にかえ、

29. 掌を上へ向けたまま、

30. 軽く左へ払います。

34. 体を右へ向け、

35. 重心を右足にかけ、

36. 両手は腰横でおさえ、左足を寄せます。

05　左単鞭　（ズオ・ダン・ビェン）

01. 虚歩の構えより、
02. 左手を上げて、
03. 掌を下へ返し、
04. 右手を上へ返し、両掌を向かい合わせます。

09. 左手は小指側を腹部につけます。
10. 右手を肩まで上げて、
11. 左足を浮かせ、
12. 軽く手前に寄せてから、

zuǒ dān biān

05. 左腕を伸ばし、右手を引きます。

06. 左手は掌を上へ返し、

07. 右手を鈎手にかえ、

08. 左手の上を通します。

13. ヒザを引き上げ、

14. つま先を正面へ向けます。

15. 左足を下げ、

05　左単鞭　（ズオ・ダン・ビェン）

16. 右足の真横へカカトから踏み込み、

17. そのまま真横へすべらせ、

18. 重心を左足にかけます。

21. 指先を上へ向けます。

22. 左手は掌を外側に向け、

23. 掌を外側へむけたまま、左へ払い、

zuǒ dān biān

19. 体を右へ向け、

20. 左手を胸前に上げ、

21. 左手を返し、

24. 体の前を通します。

25. 左腕を左へ伸ばしてから、

26. 左手は指先を立てます。

06　搬攔捶　（バン・ラン・チュエイ）

01. 左単鞭より、

02. 右手を掌にかえ、

03. 体を左へ向け、左に移します。

07. 両手を下げて、

08. 左の掌は下へ、右の掌を上に向け、

09. 体の前を通します。

bān lán chuí

04. 右手は体の前を通し、

05. 左手のそばに寄せ、

06. 両手を揃えて、左へ押します。

10. 腰横で両手を握ります。

11. 両拳の拳心を向かい合わせます。

12. 体を左へ向け、

06　搬攔捶　（バン・ラン・チュエイ）

13. 両拳を正面へ移し、

14. 拳心を手前に向けます。

15. 左手の拳心は上へ、
    右手の拳心を下へ向け、

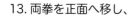

19. 両拳は腰まで下ろし、
    拳輪を後方へ向けます。

20. 体を右へ向け、

21. 右拳は体の前を通し、

bān lán chuí

16. 体の左へ払い、両拳の拳眼で打ちます。

17. 左手の拳を縦にしながら、

18. 右手の拳を縦にして、

22. 拳を縦に向けます。

23. 左拳は横に向けたまま、腹部前を通し、

24. 両手の拳眼で左へ打ちます。

07　護心捶　（フー・シン・チュエイ）

01. 搬攔捶より、

02. 両拳を右ヒザに近づけます。

03. 左足はカカトを浮かせ、

08. 左拳は腹部前へ下ろし、

09. 右足はカカトより踏み込みます。

10. 右拳を正面へ打ち下ろし、

11. 左腕を左へ伸ばしてから、

hù xīn chuí

04. 右足に引き寄せ、体を起こします。

05. 左腕は顔前を通し、

06. 左上へ振り上げ、右足で踏切、飛び上がります。

07. 左足から着地し、右拳を振り上げます。

12. 正面へ伸ばし、右拳を引きます。

13. 両拳を上下に入れ替え、

14. 右拳は正面へ押し出し、左拳を引きます。

08　白鶴亮翅　（バイ・フー・リャン・チー）

01. 護心捶より、

02. 両手を掌にかえて、右足はつま先を浮かせ、

03. 右へ開いて踏み込みます。

08. 左手は指先を時計回りに回して、

09. 掌を下へ返します。

10. 重心を左足にかけ、

11. 両腕を交差させます。

bái hè liàng chì

04. 左足はカカトを浮かせ、

05. 軸足に引き寄せ、体を右へ向けます。

06. 左手を右ヒジの下へ差し込み、左足を左前へ踏み込み、

07. そのまま左前へすべらせます。

12. 体を左へ向け、左ヒジを上げます。

13. 左手は右手から離し、

14. 両手を左右へ開きます。

15. 左ヒジを落とし、左手は指先を立てます。

斜行拗歩　（シエ・シン・アオ・ブ）

01. 白鶴亮翅より、

02. 体を右へ向け、

03. 左手は顔前へ移します。

04. 体を更に右へ向け、

09. 右足をあげて、

10. 左手は横へ伸ばします。

11. 右足を真下へ踏み込み、

12. 左腕は肘を曲げます。

xié xíng aò bù

05. 左手は胸前へ移し、　　06. 右手は肩まであげます。　　07. 体を左へ向けて、　　08. 右手は顔前を払い、

13. 左足をあげて、　　14. 左前に踏み込んでカカトより着け、　　15. そのままカカトを滑らせます。　　16. 体を軽く右へ回し、

09　斜行拗歩　（シエ・シン・アオ・ブ）

17. 右手は右へ払い、

18. 左手は胸前で押さえます。

19. 左足はつま先をつけて、

20. 右手は肘を曲げます。

25. 左手は左へ伸ばして、

26. 掌を鉤手に替えます。

27. 右手は指先を左へ倒し、

28. 掌を外側へ向けて、

xié xíng aò bù

21. 体を前
に傾けて、

22. 右手を
顔に近づけ、

23. 体を左へ回し、

24. 右手は指
先を立てます。

29. 右へ払い、

30. 体を右へ回し、

31. 右手は指
先を立てます。

10 提 収 （ティー・ショウ）

01. 斜行拗歩より、

02. 右手は掌を下へ向けます。

03. 左手を掌にかえ、両手の甲を正面へ向けます。

04. 両腕を伸ばし、

09. 両手を腹部前にさげ、掌を上へ返し、

10. 左足はつま先を左へ入れます。

11. 両手を手前に引いて、左足を寄せます。

12. 両手を胸まで上げ、

tí shǒu

05. 両手の甲を向かい合わせます。

06. 両手は掌を正面へ向けます。

07. 両手は左右に開き、

08. 左足はつま先を浮かせます。

13. 掌を内に向けてから、

14. 下へ返します。

15. 左足を上げて片足立ちになり、

16. 両腕を伸ばし、左手はヒザ前、右手をヒザ横で構えます。

11　前　趟　(チエン・タン)

01. 提収より、

02. 左足を前方へ踏み込み、

03. 体を右へ向け、両手は腹部前を通します。

04. 左足はカカトをつけたまま左前へすべらせます。

09. 左手は掌を下に向けてから、

10. 外側へ返します。

11. 右足はカカトを浮かせてから、

12. 片足立ちとなります。

qián tāng

05. 両手は右
へ払います。

06. 右手は左手
に近づけます。

07. 右手の掌を左
手首に合わせます。

08. 両手を合わせた
まま腕を伸ばします。

13. 右足は右前
へ踏み込み、

14. そのまま右前
へすべらせます。

15. 重心を右足にか
け、両手は上げて、

16. 左右に開き指
先を立てます。

12 右掩手肱捶 （ヨウ・イエン・ショウ・ゴン・チュエイ）

01. 第11式より、

02. 右手の指先と右足のつま先の向きを合わせます。

03. 右手は掌を上へ返し、

04. 重心を左足にかけます。

09. 右足を真下へ踏み込みます。

10. 重心を右足にかけ、

11. 左足のカカトを浮かせます。

12. 片足立ちになってから、

yòu yǎn shǒu gōng chuí

05. 左足はつま先を上げます。

06. 両手は山なりに弧を描き手前へ引き寄せ、

07. 右手を握り、片足立ちになります。

08. 左手は右腕に近づけ、

13. 左足を左前へカカトから踏み込み、

14. そのまま左前へすべらせ、

15. 重心を左足へかけます。

16. 両手を左右に開き、

12 　右掩手肱捶　（ヨウ・イエン・ショウ・ゴン・チュエイ）

17. 体を軽く左へ向けます。

18. 両手を左右に開き、

19. 両腕が水平になるまで上げます。

20. 右ヒジを曲げて、左手を上へ返します。

13 　撇身捶　（ピー・シェン・チュエイ）

01. 右拳を縦にして、左手は握ります。

02. 左ヒジを曲げ、右拳を腹部へ引き寄せます。

03. 体を右へ向け、左拳を胸前に引き、

04. 右拳を右へ払います。

yòu yǎn shǒu gōng chuí

21. 左手は、八字掌へかえます。

22. 右拳を手前に引き、拳眼を前方へ向けます。

23. 重心を左足にかけ、左手を引きます。

24. 弓歩となり、右拳で正面へ打ちます。

pī shēn chuí

05. 右拳は拳心を下へ向けてから、

06. 正面へ向け、

07. 手首を回して上へ向けます。

08. 体を左へ向け、右拳の拳輪で打ちます。

14 背折靠 （ベイ・ジョー・カオ）

01. 撇身捶より、　　02. 体を右へ向け、　　03. 右拳を右斜め上に軽く上げてから、　　04. 左へ（顔前へ）移し、

15 青龍出水 （チン・ロン・チュー・シュエイ）

01. 体を左へ向け、　　02. 右拳を顔から離し、縦向きにします。　　03. 右拳を横向きへかえ、　　04. 胸前を通し、

bèi zhé kào

05. 拳背を上へ向けます。
06. 左手は拳面を腰横へ押し付けます。
07. 右腕は顔前を通し、
08. 左肘で腰横へ打ちます。

qīng lóng chū shuǐ

05. 腹部前へ下げます。
06. 左腕を横へ伸ばし、拳を縦にします。
07. 左腕を正面へと伸ばし、
08. 右拳を腰横へ引き寄せます。

15　青龍出水　（チン・ロン・チュー・シュエイ）

09. 右手は右へ進め、
10. 拳を縦向きにしてから、
11. 横向きにかえます。
12. 左拳は左腰横へ引きます。

16　斬　手　（ジャン・ショウ）

01. 体を左へ向け、
02. 右手を開きます。
03. 重心を左足にかけ、右足を寄せ、
04. 右腕は顔前を通します。

qīng lóng chū shuǐ

13. 左拳を八字掌にかえて、

14. 右ヒザの方へ伸ばし、右拳を胸前に引きます。

15. 左手を左腰横へ引き、

16. 右拳で打ちます。この時、拳心をヒザへ向けます。

zhǎn shǒu

05. 右足はつま先を右へ向けて、

06. カカトから踏み込みます。

07. 右腕を伸ばし、重心を右足にかけます。

16 斬　手　（ジャン・ショウ）

08. 左手を左へ回し、
09. 振り上げてから、
10. 体を右へ向け、片足を上げます。

17 翻花舞袖　（ファン・ホワ・ウーシュウ）

01. 両手を前方へ進めてから、
02. 弧を描きながら上方へ移し、
03. 両掌を左へ向けます。
04. 両手は後方へ回し、掌を下へ向けます。

zhǎn shǒu

11. 右足はつま先立ちとなり、　　12. つま先を軸にして、体を右へ向けます。　　13. 左手は真下へ向けて打ち下ろし、　　14. 左足を右足の真横へ踏み込みます。

fān huā wǔ xiù

05. 体を右へ向け、右手は胸前へ移します。　　06. 右足を上げて、　　07. 左足で踏切、飛び上がり、左腕を伸ばします。　　08. 右足から着地して、右手は腹部前で構え、左腕を伸ばします。

18　海底翻花　（ハイ・ディ・ファン・ホワ）

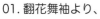

01. 翻花舞袖より、　　02. 体を右へ向け、左手を下げます。　　03. 両手は指先を下へ向けます。　　04. 左手を胸前へと上げ、

19　左掩手肱捶　（ズオ・イエン・ショウ・ゴン・チュエイ）

説明の都合上、逆サイドより見ます

01. 18式のつづきより、　　02. 左足を真下へおろし、　　03. カカトから踏み込みます。　　04. 右手を開いて、

hǎi dǐ fān huā

05. 拳を作ります。同時に右手を握ります。	06. 左足を上げて、片足立ちとなり、	07. 左拳は、左へ打ちおろします。	08. 右拳は顔横へ打ち上げます。

zuǒ yǎn shǒu gōng chuí

05. 左腕の上に合わせ、右足を上げます。	06. 右足はカカトから右前へ踏み込み、	07. そのまま右前へすべらせます。	08. 重心を右足にかけ、両手をさげます。

19 左掩手肱捶　(ズオ・イエン・ショウ・ゴン・チュエイ)

09. 両手を離し、

10. 左右に開いて、

11. 両腕が水平になるまで上げます。

20 左六封四閉　(ズオ・リュウ・フォン・スー・ビー)

01. 19式より、

02. 左手は開いてから下げ、

03. 腹部の前を通し、

04. 胸前へ上げて、両手は手首を合わせます。

zuǒ yǎn shǒu gōng chuí

12. 両腕を正面へ伸ばし、
13. 右手を八字掌にかえ、
14. 胸前に引いて、
15. 左拳で打ちます。

zuǒ liù fēng sì bì

05. 左手は掌を正面へ返します。
06. 体を左へ向け、
07. 手首を合わせたまま、両手を左へ移します。
08. 右手を左手から離し、

20　左六封四閉　（ズオ・リュウ・フォン・スー・ビー）

09. 腹部前へと下げます。　10. 左手は腰の高さで押さえます。　11. 右足のつま先を右へ開きます。

20　左六封四閉　（ズオ・リュウ・フォン・スー・ビー）

16. 虚歩となり、左手は肩まで上げ、右手を勾手にかえます。　17. 左足のつま先を軸にカカトを外側へ回します。　18. 右手を掌にかえて、　19. 両ヒジを曲げます。

zuǒ liù fēng sì bì

12. 重心を右足にかけ、

13. 両手を体の前へと進めます。

14. 左足は浮かせてから、

15. 軸足の横を通し、前方へ進め、

zuǒ liù fēng sì bì

20. 両手は胸前を通し、

21. 腰横で押さえ、

22. 左足を寄せて虚歩となります。

21 右単鞭 （ヨウ・ダン・ビェン）

説明の都合上、逆サイドより見ます

01. 20式のつづきより、

02. 左手を上へ返し、

03. 右手は左手の上を、

04. 左手は右腕の内側を通します。

05. 左手を鈎手にかえて、

11. 右足を右前へカカトから踏み込み、

12. そのまま右前へすべらせます。

13. 重心は右足にかけてから、

14. 左足へ戻し、左手を胸前へ上げます。

yóu dān biān

06. 右手は小指側を腹部にあてます。

07. 重心を左足にかけ、

08. 右足を浮かせ、

09. 右ヒザを曲げて、片足立ちとなります。

10. この時、つま先を前方へ向けます。

15. 左手は指先を立ててから、

16. 掌を正面へ向け、

17. そのまま右へ水平に払います。

18. 軽く腰を落とし、左手の指先を立てます。

22　雲　手　（向右）　（ユン・ショウ　シャン・ヨウ）

01. 21式より、

02. 左手を開いてから、

03. 両手の指先で、

07. 体を左へ向け、

08. 両手で体の左側を押します。

09. 右足を寄せて、虚歩となります。

yún shǒu xiàng yòu

04. 反時計回りに、

05. 弧を描きます。

06. 右手を下げて、

10. 右足を右へ踏み込み、
両手を左へ伸ばします。

11. 両手を上下に
入れ替えます。

12. 重心を右足にかけ、

22　雲　手　（向右）　（ユン・ショウ　シャン・コウ）

13. 体を右へ向けます。

14. 左足はカカトを浮かせ、

15. 右足と交差させ、両手で体の左側を押します。

16. 両手を上下に入れ替え、カカトを踏み、

21. 右足はつま先を踏んで、

22. 体を右へ向け、

23. 正面で左手で打ちます。

24. 右ヒジを上げてから、

yún shǒu xiàng yòu

17. 右足を浮かせ、
18. 右前へ踏み込みます。
19. 重心を右足へかけ、
20. 右手を下へ返します。

25. 正面へ打ちおろします。
26. 右ヒジをおとし、左手を上げ、
27. 両掌を向かい合わせます。
28. 右手を引いて、左手で打ち、片足立ちとなります。

23 雲 手 （向左） （ユン・ショウ シャン・ズオ）

01. ２２式より、

02. 右足を真下へおろし、

03. カカトから踏み込み、つま先を開きます。

04. 両手を上下に入れ替えます。

09. 両手を上下に入れ替えます。

10. 体を左へ向け、

11. 両手は体の前を通します。

12. 右足は左足の後方へ踏み込み、

yún shǒu xiang zuǒ

05. 左足を上げて、　06. 両掌を右へ向けて、　07. 両手を右へ押すと同時に、左足を踏み込みます。　08. 重心を左足にかけ、

13. そのまま重心をかけ、　14. 両手を上下に入れ替えます。　15. 左足を浮かせ、　16. 左前へ踏み込み、両手で左を押します。

24 高 探 馬 （ガオ・タン・マ）

01. ２３式より、　　02. 重心を左足にかけ、　　03. 上体を左へ向けながら、　　04. 左手は山なりに弧を描きます。

09. 右足をあげて、　　10. 右足は真横へカカトから踏み込み、　　11. そのまま真横へすべらせます。　　12. 両掌を真下へ向け、

gāo tàn mǎ

05. 両手は指先を立てます。

06. 重心を左足にかけて、

07. 左足を右足に寄せ、

08. 両腕を交差します。

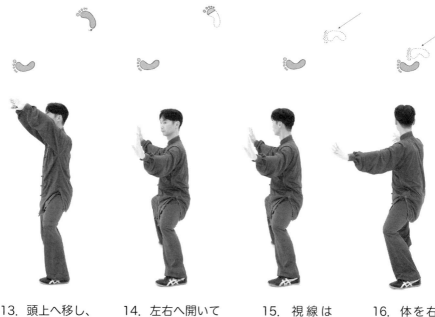

13. 頭上へ移し、

14. 左右へ開いて指先を立てます。

15. 視線は右手を見て、

16. 体を右へ向けて、

24 高探馬 （ガオ・タン・マ）

17. 重心を左足に移し、
18. つま先を上げます。
19. 右足はつま先を内側に入れ、右ヒジを曲げます。

25 右連珠炮 （ヨウ・リエン・ジュウ・パオ）

01. 24式より、
02. 右手を下げて、
03. 左手に寄せ、
04. 両手を胸前へ上げて、
05. 両手首を合わせます。

gāo tàn mǎ

20．重心を右足にかけ、	21．右手を正面へ押し出します。	22．左手を腹部へ引いて、	23．左足を寄せ虚歩となります。

yòu lián zhū pào

06．右手は掌を外側へ返し、	07．両手を正面へ押し出します。	08．左足を後方へ引いて、弓歩となり、	09．両手を下げます。

25 右連珠炮 （ヨウ・リエン・ジュウ・パオ）

10. 重心を左足にかけ、

11. 右足を軽く寄せて虚歩となり、

12. 左手をヲ手にかえ、右手を肩まであげます。

13. 左手を開いて、

18. 右手を下へ、

19. 左手を上に返し、左足を下げます。

20. 重心を左足にかけ、

21. 左手をヲ手に変え、右の手足を同時に引きます。

yòu lián zhū pào

14. 胸前で両手を向かいあわせ、左足を前方へ踏み込みます。

15. 重心を右足にかけ、

16. 体を右へ向け、

17. 左足を寄せて、両腕を伸ばします。

22. 体を左へ開いてから、

23. 右足を踏み込み、掌を向かい合わせます。

24. 重心を右足にのせ、

25. 両手で前へ向けて打ちます。

26 　左連珠炮　（ズオ・リエン・ジュウ・パオ）

01. ２５式より、

02. 両腕を正面へ伸ばし、

03. 左手を上へ返し、左足を下げます。

04. 両手をそのまま下げ、

09. 両手を正面へ移します。

10. 右足に重心をかけ、

11. 両手を下ろし、

12. 体を右へ向け、

zuǒ lǐan zhú paō

05. 腹部前を通し、

06. 左へ払います。

07. 両手を上げてから、

08. 右足を後方へ下げて、

13. 左手は掌を上へ返します。

14. 右手を勾手にかえ、

15. 両手はそのまま上げて、

16. 左足を寄せて、虚歩となります。

26 左連珠炮 （ズオ・リエン・ジュウ・パオ）

17. 右手を開いてから、

18. 両手を向かい合わせ、左足を前方へ踏み込みます。

19. 重心を左足にかけ、

20. 体を左へ向け、

25. 両手を手前に引き、右手をヲ手にかえ、

26. 左手は掌を上へ返します。

27. 両手を上げて、左足を引きます。

28. 右手を開いてから、

zuǒ lǐan zhú paō

21. 両腕を正面へ伸ばし、右足を引き寄せます。

22. 右足を後方へ下げて、

23. 両手を正面へ伸ばし、

24. そのまま腹部の高さまで下ろします。

29. 両手を向かい合わせ、左足を前方へ踏み込みます。

30. 重心を左足にかけ、

31. 体を左へ向け、

32. 両手を伸ばし、右足を寄せます。

27 閃通背 （シャン・トン・ベイ）

01. ２６式より、 　　02. 体を右へ向け、 　　03. 両手は掌を右へ向けます。 　　04. 両手を手前に引いて、

09. 右手は掌を左へ返し、 　　10. 左肩前へ移し、右手は外へ返します。 　　11. 左足はカカトを軸に、つま先を入れ、 　　12. 体を右へ向けます。

shǎn tōng bèi

05. 左足のカカトを浮かせます。

06. 左足を左前へ踏み込み、右手は上に向け腰横で構え、

07. 重心を左足にかけ、右手を正面へ伸ばし、

08. 左手は左へ払います。

13. 右足を引いてから、

14. 後方へ下げ、

15. 左足のつま先を軸にして、体を右へ向けます。

16. 重心を右足にかけ、

17. 左手は腹部前で押さえ、右手を伸ばします。

28　指擋捶　（ジィ・ダン・チュエイ）

01. 27式より、
02. 左手で胸前を払い、
03. 体を右へ向けます。
04. 右手を右へ伸ばし、

09. 右足を真下へカカトから踏み込みます。
10. 左足を上げてから、
11. 左前へカカトから踏み込み、
12. そのまま左前へ滑らせます。
13. 重心を左足にかけ、両手を開き、

zhǐ dāng chuí

05. 体の正面で手刀で打ちます。
06. 右足を左足へ寄せて、
07. 片足立ちとなり、右手を握ります。
08. 左手を右腕の上へかぶせ、

14. 両腕が水平になるまで上げます。
15. 右ヒジを曲げて、
16. 左手は八字掌にかえ、
17. 右拳を腹部前へ打ち込みます。

29　白猿献果　（バイ・ユエン・シエン・グオ）

01. 28式より、

02. 体を左へ向け、

03. 右拳は前方へ進め、

04. 弧を描きながら、

09. 左手は掌を上へ返します。

10. 左足はつま先を開き、右拳は腰横を通します。

11. 重心を左足にかけ、

12. 右足はカカトを浮かせ、

bái yuán xiàn guǒ

05. 頭上へ移します。　06. 左手を掌にかえ、　07. 手の甲を左腹部へ押し当てます。　08. 右手は後方へ回し、

13. 左足に引き寄せます。　14. 右拳を上げ、　15. 片足立ちになった時に、　16. アゴの高さまで打ち上げます。

30　双推手　（ショワン・トエイ・ショウ）

01. ２９式より、

02. 右足を前方へ下ろし、

03. 両手を左右へ開きます。

04. 両ヒジを曲げて、

31　中　盤　（ジョン・パン）

01. 左ヒジを曲げて、

02. 右手は上へ返します。

03. 左手は右手の上を通し、

04. 正面へ伸ばし、手刀で打ちます。

05. 右手を下へ返し、

shuāng tuī shǒu

05. 両手を向かい合わせます。

06. 体を右へ向けてから、

07. 左足を引き寄せ、

08. 両手を正面へ押し出します。

zhōng pán

06. 左手を上へ向けます。

07. 右手は左手の上を通して、

08. 正面へ伸ばし、手刀で打ちます。

09. 右手を上へ返し、左手を胸前に運び、

10. 左手は右手の上を通して、

31　中　盤　（ジョン・パン）

11. 正面へ伸ばし、手刀で打ちます。
12. 右手を腹部前に移し、
13. 左腕の中へ差し込みます。
14. 体を左へ回し、
15. 右手は手前に向けて、

21. 左足を真下へカカトから踏み込み、
22. 左手は胸前、右手は腹部前で構え、
23. 右足を上げて片足立ちなります。
24. 右足を真横へカカトから踏み込み、
25. そのまま真横へすべらせます。

zhōng pán

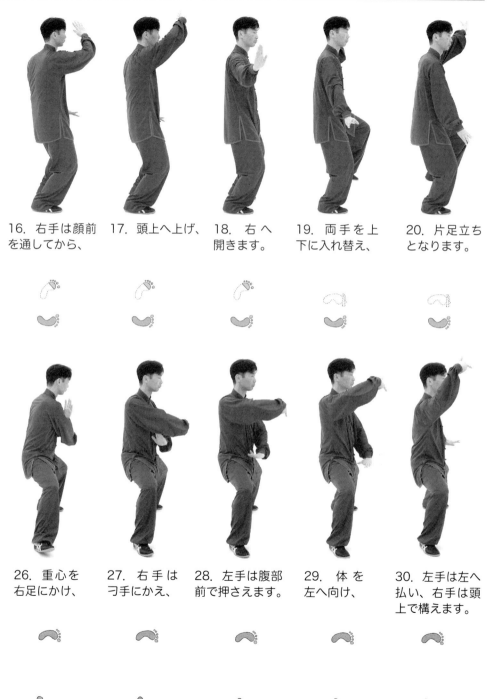

16. 右手は顔前を通してから、
17. 頭上へ上げ、
18. 右へ開きます。
19. 両手を上下に入れ替え、
20. 片足立ちとなります。

26. 重心を右足にかけ、
27. 右手はフ手にかえ、
28. 左手は腹部前で押さえます。
29. 体を左へ向け、
30. 左手は左へ払い、右手は頭上で構えます。

32　前　招　（チエン・ジャオ）

01. 31式より、
02. 右手を開いてから、
03. 上方へ返し、右足はつま先を右へ開きます。
04. 右手を右へ払い、

33　後　招　（ホウ・ジャオ）

01. 左足を左前に踏み込み、
02. つま先を左へ開きます。
03. 両手を上下に入れ替え、

qián zhāo

05．重心を右足にかけます。 　　06．左足はカカトを浮かせ、　　07．内側に引き寄せ、　　08．左手を左ヒザの上に合わせます。

hòu zhāo

04．重心を左足にかけ、　　05．右足はカカトを浮かせます。　　06．右足を進め虚歩となり、左手はヒザの上へ合わせます。

34 右野馬分鬃 （ヨウ・イェ・マー・フェン・ゾン）

01. 33式より、

02. 左手を後ろへ回し、

03. 右手を正面へ伸ばします。

04. 体を右へ向けて、

09. 右手は右足の上へ合わせます。

10. 右足をあげて、

11. 右ヒザと右ヒジを近づけます。

12. 右足を右前へカカトから踏み込み、

yòu yě mǎ fēn zōng

05. 右ヒジを
後ろへ引いて、

06. 左腕を水平
に伸ばします。

07. 右手を
下げながら、

08. 左ヒジを
引きます。

13. そのまま右前
へすべらせます。

14. 重心を右足に
かけ、

15. 右腕は正面へ、右腕
はやや後方へ伸ばします。

35 左野馬分鬃 （ズオ・イェ・マー・フェン・ゾン）

01. ３４式より、

02. 右手は掌を右へ向けていきます。

03. 右足はつま先を浮かせ、

04. 右へ開きます。

09. 左手と左足を上げて、片足立ちになり、

10. ヒザとヒジを近づけます。

11. 腰を落としてから、

zuǒ yě mǎ fēn zōng

05. 右手を
右へ払い、

06. 左足を
右足に寄せ、

07. 左手と左足
を同時に、

08. 前方へ進めます。

12. 左足を左前にカ
カトから踏み込み、

13. そのまま左前
へすべらせ、

14. 重心をかけ、左腕を正面へ、
右腕をやや後方へ伸ばします。

36　擺蓮跌差　（バイ・リエン・ディエ・チャア）

01. ３５式より、
02. 右手を下へ返し、
03. 正面へ進め、
04. 左手に近づけます。

09. 右へ移します。
10. 右手は顔の高さと合わせ、左手は胸前で構えます。
11. 両手を下げて、
12. 掌を下へ向けます。

bǎi lián diē chǎ

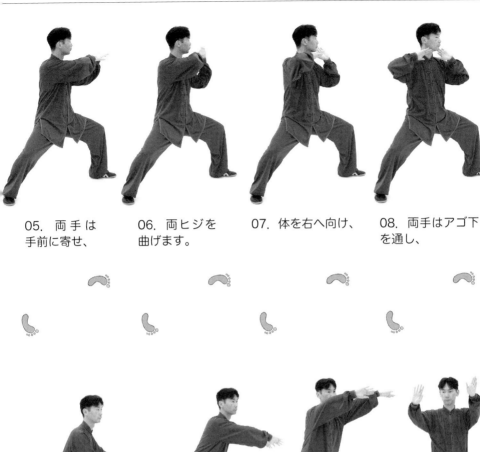

05. 両手は手前に寄せ、

06. 両ヒジを曲げます。

07. 体を右へ向け、

08. 両手はアゴ下を通し、

13. 両手は体の左へ進め、

14. 正面で弧を描くように大きく回します。

15. 右足を寄せて、つま先をつけます。

16. 両手は顔前を通して、

36 擺蓮跌差 （バイ・リエン・ディエ・チャア）

17. 体の右側へ移し、 18. 左手は肩前、右手は腰横で構えます。 19. 体を左へ向け、 20. 右足を浮かせ、

25. 右足を真下へカカトから踏み込みます。 26. 両手を握り、左腕を内側にして構え、 27. 左足を上げてから、 28. 前方へ踏み込み、両拳を上下へ開きます。

bǎi lián diē chǎ

21. 左から右へ回して蹴ります。
22. 右足が正面へ来た時に、
23. 両手で足の甲を叩きます。
24. 右ヒザを曲げて片足立ちになり、

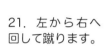

29. 左拳を左足のつま先の方へ進め、
30. 踏み込んだら左足をすべらせ、
31. 腰を落とします。
32. 左足の裏側と右足の内側を地につけます。

37 左右金鶏独立　（ズオ・ヨウ・ジン・ジー・ドゥ・リー）

01. ３６式より、

02. 右ヒザを立てて、

03. 腰を浮かせます。

07. 右手を下げて、

08. 左腰横を通します。

09. 左腕の内側を通してから、

zuǒ yòu jīn jī dú lì

04. 体を起こしなが
ら重心を左足へかけ、

05. 左腕を前へ、右腕
を後ろへ伸ばします。

06. 右足はつま先を内側
に入れ、弓歩となります。

10. 真上へ上げて行き、

11. 右足を左足へ
引き寄せます。

12. 右手は掌を
右へ向け、

13. 片足立ちと
なります。

37 左右金鶏独立　（ズオ・ヨウ・ジン・ジー・ドゥ・リー）

14. 右足を踏み込み、　15. 右手は押さえます。　16. 体を右へ向け、　17. 両手を上げて、

22. 左手は上へ返し、腰横にあて、　23. 重心を右足へ移し、　24. 左足を右足へ寄せます。　25. 左手は体の前を通し、

zuǒ yòu jīn jī dú lì

18. 体を左へ向け、

19. 両手は体の前を通します。

20. 右足を真横へ踏み込み、

21. 右手は下に返し、押さえます。

26. 真上へ上げて行き、

27. 掌を左へ向け、

28. 左足を上げて、

29. 片足立ちとなります。

38 倒巻肱　（ダオ・ジュエン・ゴン）

01. 第37式より、

02. 左手を下げて、

03. 右手は左ヒジの内側に移します。

04. 両腕を交差して、左足を左後方へ引きます。

09. 右足を引き寄せて、

10. 右後方へ踏み込み、つま先をつけます。

11. 重心を右足にかけ、左手を伸ばし、

12. 右手は右へ払ってから、

dǎo juǎn gōng

05. 右腕を伸ばし、左手は腹部前で押さえます。

06. 左手を左へ払い、

07. 両手は掌を上へ返し、

08. 左ヒジを曲げます。

13. ヒジを曲げます。

14. 左足を引いて、

15. 左後方へ踏み込み、つま先をつけます。

16. 右手を伸ばし、左手は腹部前で押さえます。

39　退歩圧肘　（トエイ・ブ・ヤー・ジョウ）

01. 第38式より、
02. 右腕を伸ばし、
03. 左手は左へ上げ、
04. 両手は掌を左へ向け、

09. 左手は正面で手刀で打ちます。
10. 左手を胸前に引き寄せ、
11. 掌を下へ返します。
12. 右手は上体の正面へ伸ばし、

tuì bù yā zhǒu

05．両手で体の
左側を押します。

06．両手は掌を
下へ返してから、

07．正面へ向け、

08．上体を右
へ向けます。

13．手刀で打ちます。

14．左手は右腕
の下へ差し込み、
右足を寄せ、

15．右足はそのま
ま後方へ下げます。

16．左手は手刀で
打ち、右手を腰横へ
引き寄せます。

40 擦脚 (ツア・ジャオ)

01. 第39式より、

02. 左手は指先を立ててから、

03. 下ろし、視線を右手へ向けます。

04. 重心を左足にかけ、

09. 右腕を真上へ伸ばします。

10. 重心を右足にかけ、

11. 右手は下ろし、

12. 左腕と交差します。

cā jiǎo

05. 右足はカカトを浮かせます。

06. 右手は右へ払い、左手を胸前へ上げます。

07. 右足は左足の前を通し、

08. 前方へ踏み込み、

13. 両手は顔前を通してから、

14. 左右へ開いて、

15. 左手で左足の甲を叩きます。

41 蹬一跟 （ダン・イ・ゲン）

01. 第40式より、

02. 左足を下ろして、

03. 軸足の前を通し、

07. 左足に重心をかけ、

08. 両手を下ろします。

09. 右腕を前にして、両腕を交差し、

dēng yī gēn

04．右前に踏み込み、つま先をつけます。

05．左足はカカトを上げて、

06．両足ともにつま先で立ち、上体を左へ向けます。

10．拳眼を前方へ向けます。

11．両腕を開き、片足立ちとなり、

12．右足の足刀で蹴ります。

42　海底翻花　（ハイ・ディ・ファン・ホワ）

1. 第41式より、　　2. 右ヒザを曲げて、　　3. 左拳を胸前に、

43　撃地捶　（ジィ・ディ・チュエイ）

01. 第42式より、　02. 上体を下げてから、　03. 右足を前方へ踏み込んでカカトをつけ、　04. 左腕を前方へ、右腕を後方へ回します。

hǎi dǐ fān huā

4．右拳を右ヒザの内側に移します。

5．上体を右へ向け、

06．右拳を打ち下ろし、左拳を上げます。

jī dì chuí

05．左腕を下げて、右腕を上げます。

06．左足を上げてから、

07．右足で踏み切り軽く飛び上がり、

08．左足はつま先から着地します。

43　撃地捶　(ジィ・ディ・チュエイ)

09. 右拳を左胸前に引き寄せ、

10. 右足は右前へ踏み込みます。

11. 重心を右足にかけ、

44　翻身二起　(ファン・シェン・アール・チィ)

01. 左拳を顔前へ引いて、

02. 右腕を下へ伸ばし、

03. 右足はつま先を上げてから、内側に入れます。

04. 左足はカカトを浮かせて、

jī dì chuí

12. 右拳は右ヒザのそばを通してから、

13. 顔横へ移し、

14. 左拳は下へ打ち、上体を倒します。

fān shēn èr qǐ

05. つま先を軸にカカトを内側に回します。

06. 右拳を顔横へ移し、左拳は腰の高さで構えます。

07. 重心を左足にかけ、

08. 右腕を前方へ、左腕を後方へ回します。

44　翻身二起　（ファン・シェン・アール・チィ）

09. 右足はカカトを浮かせて、
10. 左足の横を通し、両拳を上下へ移します。
11. 右足を前方へ踏み込み、
12. 左拳を前方へ、右拳を後方へ回します。

45　双震脚　（ショワン・ジェン・ジャオ）

01. ヒザを曲げてから、
02. 右足を後方へ下げます。
03. 右手を右へ移し、
04. 両手は左右へ開きます。

fān shēn èr qǐ

13. 重心を右足にかけ、

14. 両拳を開いて、

15. 左足を振り上げ、飛び上がり、

16. 右足で蹴ります。右手は足の甲を叩きます。

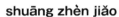

shuāng zhèn jiǎo

05. 左足で踏み切り軽く飛んで、右足はつま先をつけ、

06. そのまま重心をかけます。

07. 左足を下げて、つま先をつけ、

08. カカトを踏みます。

45　双震脚　（ショワン・ジェン・ジャオ）

09. 両手は掌を正面へ向け、

10. 上体の前へ移します。

11. 両手は掌を上に向けてから、

12. 内側に返し、

46　蹬　脚　（ダン・ジャオ）

01. 第45式より、

02. 両手を手前へ引いて、

03. 右手は掌を右へ、左手は下へ向けます。

04. 両手を胸前に移し、

shuāng zhèn jiǎo

13. 下へ向けて腹部の前で押さえます。

14. 両手は掌を上へ向け、

15. 右足を振り上げ、飛び上がり、

16. 左足、右足の順で着地して、両手で押さえます。

dēng jiǎo

05. 片足立ちとなり、

06. 右ヒザを伸ばしてカカトで蹴ります。

07. 同時に左腕を伸ばし、左手で打ちます。

47　玉女穿梭脚　（ユー・ニュー・チョワン・スオ）

01. 第46式より、

02. 右手を下げ、右足を下ろします。

03. 右足を前方へ踏み込み、右手指先で突きます。

48　順鸞肘　（シュン・ルワン・ジョウ）

01. 上体を右へ向け、

02. 左足はつま先を内側へ入れ、

03. 右足はカカトを内側に回します。

04. 両足のつま先を平行に揃えます。

yù nǚ chuān suō

04. 右手を手前に寄せ、

05. 右足で踏み切り飛び上がり、

06. 右手でよけて、左手で打ちます。

07. 左足を右足の後ろへ回します。

shùn luán zhǒu

05. 右手を横へ伸ばし、

06. 両手を上下に移し、

07. 重心を左足にかけます。

08. 左手を胸前に、右手は腹部前に移し、

09. 片足立ちになります。

48　順鸞肘　（シュン・ルワン・ジョウ）

10. 右足を真横へ踏み込み、

11. 左手を左へ差し込みます。

12. 左手は掌を後ろへ向けてから、

49　裏鞭炮　（グオ・ビエン・パオ）

01. 視線を左拳に落とし、

02. 重心を左足にかけ、

03. 右拳を左拳に寄せ、

shùn luán zhǒu

13. 下へ返し、

14. 両手を握り、重心を右足にかけます。

15. 両肘を後方へ引きます。

guǒ biān pào

04. 右足を引きます。

05. 右腕は顔前を通し、

06. 拳を振り上げます。

07. 両腕を左右へ開いてから、

49　裏鞭炮　（グオ・ビエン・パオ）

08. 上下へ伸ばし、
09. 左足で踏み切り、飛び上がり、
10. 右足を踏んで、左足を上げます。
11. 左足を真横へ踏み込み、カカトからつけ、

50　雀地龍　（チュエ・ディ・ロン）

説明の都合上、逆サイドより見ます

01. 49式のつづきより、
02. 体を右へ向けて、
03. 左拳は腹部前を通し、

guǒ biān pào

| 12. そのまま真横へすべらせます。 | 13. 左腕を腹部の前へ移し、 | 14. その左腕の上へ、右腕を重ねます。 | 15. 重心を左足にかけ、両腕は左右へ開きます。 |

què dì lóng

| 04. 重心を右足にかけ、 | 05. 左拳を右ヒジのそばに移します。 | 06. 両腕を交差させてから、 |

50 雀地龍 （チュエ・ディ・ロン）

07. 左拳は拳心を正面へ向けます。

08. 両腕を顔横へ移し、

09. 重心を左足にかけます。

51 上歩七星 （シャン・ブ チー・シン）

01. 右拳の拳心を上へ向け、

02. 右足に沿って前へ進め、

03. 右足はつま先を右へ開きます。

què dì lóng

10. 右拳を下げて、

11. 右足に沿って、

12. つま先の方へ進めます。

shàng bù qī xīng

04. 重心を右足にかけ、

05. 右拳を肩まで上げます。

06. 左足はつま先を内側に入れ、

51 上歩七星 （シャン・ブ チー・シン）

07. 弓歩となります。

08. 右足はつま先を右へ開き、

09. 左拳を腰横へ寄せ、

14. 両ヒジを開き、両腕を水平にしてから、

15. 左腕を右腕の上に合わせ、

16. 左ヒジを落とし、左腕を内側に入れ、

17. 両手を開いてから、

18. 前方へ押し出します。

shàng bù qī xīng

10．左足はカカトを浮かせ、　11．軸足に引きます。　12．左手と左足を同時に前方へ進め、　13．両腕を交差し、虚歩となります。

19．左腕を右腕の上へ合わせ、　20．右腕を巻き込んでから、　21．両手は拳を握り、　22．右腕を前にして、両腕を交差させ、　23．そのまま前方へ押し出します。

52 退歩跨虎 （トエイ・ブ・クワ・ブ）

01. 第５１式より、

02. 左足を後方へ引いて、

03. ヒザを伸ばして、つま先をつけます。

04. カカトを踏んで、

08. 左足は軽く、つま先を左へ開き、

09. 馬歩となります。

10. 両手を左右へ開きながら、

tuì bù kuà hǔ

05. 両手は掌に変えます。　06. 上体を左へ向け、　07. 左足はつま先を内側へ入れます。

11. 重心を左足にかけ、　12. 両手を体の正中線の前に移し、　13. 左足を寄せ、虚歩で構えます。

53 転身擺蓮 （ジョワン・シェン・バイ・リエン）

説明の都合上、逆サイドより見ます

01. 52式のつづきより、
02. 両手は掌を下へ向けます。
03. 右足はカカトを外側へ回し、
04. 左足はつま先を左へ開きます。
05. 上体を左へ向け、
06. 左足のつま先は更に左へ開き、

12. そのまま重心をかけます。
13. 両手は上げて、
14. 山なりに弧を描きながら、
15. 体の左側に回し、

zhuǎn shēn bǎi lián

07. そのまま重心をかけ、 08. 両手を左右へ開きます。 09. 右足を上げて、 10. 片足立ちとなります。 11. 右足のカカトを左前に踏み込み、

16. 左足を前方へ踏み込み、虚歩となります。 17. 左足を右から左へ回して蹴り、 18. 正面で両手で左足の甲を叩きます。 19. 両手は掌を正面へ向け、ヒザを曲げます。

54　当頭炮　（ダン・トウ・パオ）

01. 第53式より、
02. 腰を下げて、
03. 左足を後方へ踏み込み、
04. カカトから下ろします。
05. 左ヒザを曲げて、

55　左金剛搗碓　（ズオ・ジン・ガン・ダオ・ドゥイ）

01. 第55式より、
02. 両拳を開いて、
03. 右手を左へ、左手は下へ向け、
04. 上体を左へ向け、
05. 両手は掌を左へ向けます。

dāng tóu paò

| 06. 両手の指先を前方へ向け、 | 07. 拳を握ります。 | 08. 体を左へ向け、両拳を腰横へ引いて、 | 09. 両拳を前方へ移し、 | 10. 右手の拳背と左手の拳心で打ちます。 |

zuǒ jīn gāng dao duì

| 06. 両手は掌を下に向け、 | 07. 軽く腰を下げ、両手で押さえます。 | 08. 上体を右へ向け、 | 09. 左手を前方へ進め、 | 10. 上へ払ってから、 |

55　左金剛搗碓　（ズオ・ジン・ガン・ダオ・ドゥイ）

11. 手前に引きます。
12. 右足を浮かせてから、
13. 前方へ踏み込み、
14. 左腕に右手の指先を合わせます。
15. 左手を右手から離し、

56　収　勢　（ショウ・シー）

01. 第55式より、
02. 左手を開いて、
03. 両腕を前方へ伸ばし、
04. 両手は掌を下へ向け、
05. 左手を右手の上に重ねます。

zuǒ jīn gāng dao duì

16. 左ヒジを曲げて拳を握り、
17. 右手は上へ返し、片足立ちとなります。
18. 左足を肩幅ほどに踏み込み、
19. カカトから下ろし、
20. 左拳を右手の上に打ち下ろします。

shōu shì

06. 両手は肩幅ほどに開き、
07. 掌を下に向けたまま下ろし、
08. 両手を両側に合わせます。
09. 左足を浮かせ、
10. 右足に引き寄せます。

収録曲：思い出（癒しのBGM太極拳）　作曲者：鈴木俊夫

著者略歴

大畑 裕史（おおはた・ひろふみ）

1974年、埼玉県生まれ。1993年3月～99年7月に渡り、北京体育大学に留学。1997年、武術太極拳技術等級、国家1級取得。
1998年、同大学武術学部、卒業。
現在、埼玉県内（草加市、上尾市、川越市、坂戸市、東松山市、森林公園）において指導を行っている。
2006年春、太極拳スタジオ氣凛を設立。（東上線「北坂戸駅」）個人レッスン、少人数制クラスを中心に指導をしている。
2015年4月より、獨協大学オープンカレッジ太極拳講座講師、10月より、国営・武蔵丘陵森林公園しんりん太極拳教室講師に就く。

■スタジオ氣凛（きりん）　http://taikyoku.daa.jp
住所：埼玉県坂戸市薬師町22-3　2階
電話：049-281-3471　E-mail：info@taikyoku.daa.jp

超スロー 陳式太極拳 56 式 DVD 2 枚

2019 年 10 月 15 日　再版発行

著　者　　大畑裕史
発行者　　今堀信明
発行所　　株式会社　愛隆堂（Airyudo）

〒 102-0074
東京都千代田区九段南 2-5-5
電　話　　03（3221）2325
ＦＡＸ　　03（3221）2332
振　替　　00110-4-553

印　刷　　モリモト印刷株式会社
製　本　　有限会社　島川製本所

落丁本・乱丁本は小社までお送りください。　　© H.Ohata
送料小社負担にてお取替え致します。

ISBN978-4-7502-0346-1　　Printed in Japan